DES SERPENTS

EFFRAYANTS MAIS INTÉRESSANTS

Julie K. Lundgren

Un livre de la collection
Les jeunes plantes de Crabtree

Crabtree Publishing
crabtreebooks.com

TABLE DES MATIÈRES

DES SERPENTS SECRETS

Il existe plus de 2,600 types de serpents sur la Terre.

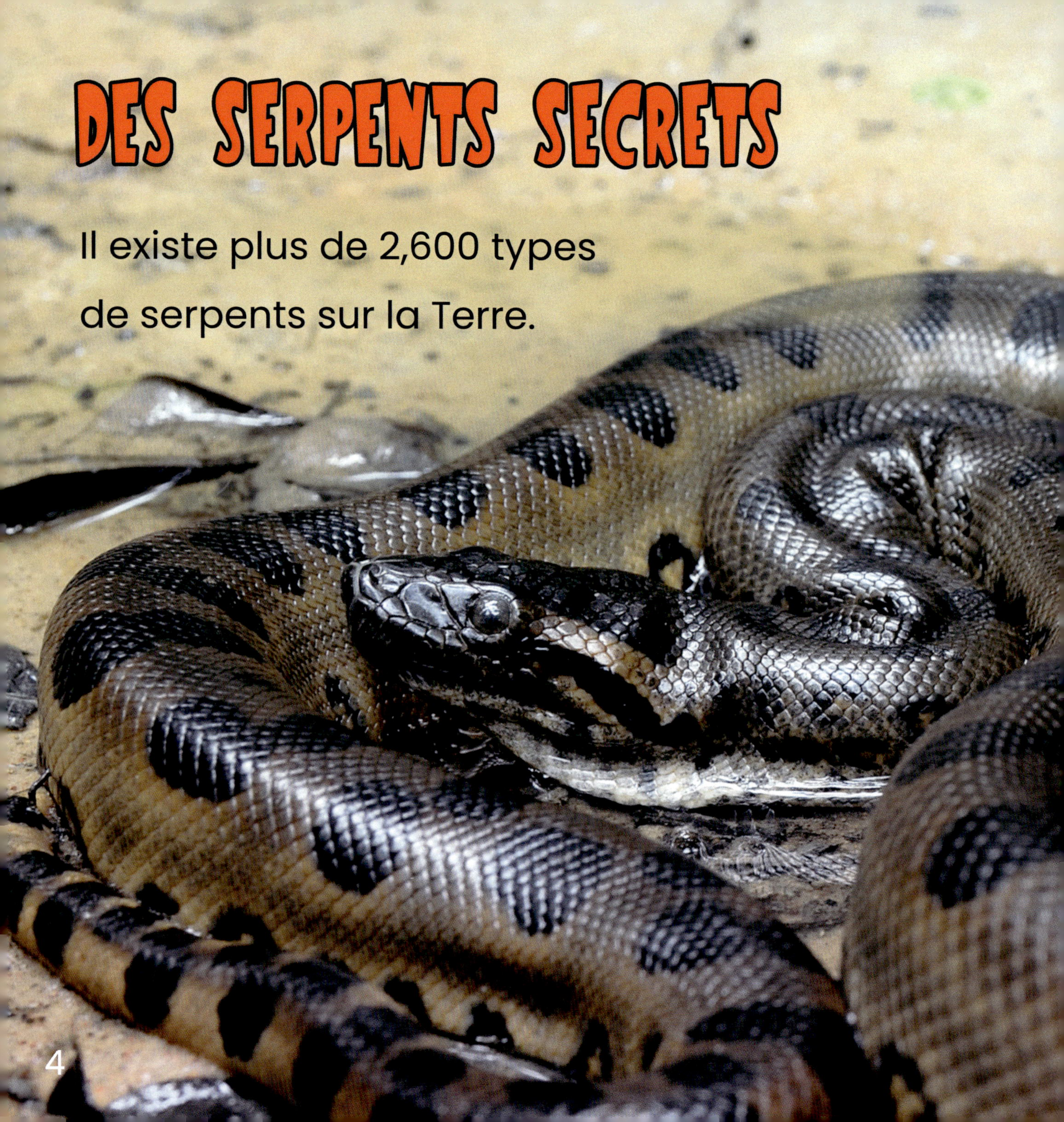

Les plus gros serpents comprennent l'anaconda vert de l'Amérique du Sud et le python **réticulé**. La plupart des serpents vivent sur la terre, mais quelques-uns nagent dans la mer.

L'anaconda vert est le serpent le plus lourd au monde.

Gros plan

Effrayant ou intéressant

La peau des serpents est sèche et écailleuse, et non visqueuse.

Comme les autres reptiles, les serpents ont des écailles et utilisent leur milieu pour changer la température de leur corps. Ils se réchauffent au soleil ou se rafraîchissent à l'ombre.

Crotale du Pacifique Sud

Les serpents sont ornés de différents motifs et couleurs. Certains les utilisent pour le **camouflage**. D’autres arborent des bandes aux couleurs vives.

Les rayures rouges, noires et jaunes du serpent corail venimeux servent d’avertissement.

Ce python arboricole vert se fond dans les feuilles vertes.

RAMPER ET SE TORTILLER

Les serpents utilisent leurs muscles et leurs écailles pour se tortiller dans un mouvement **sinueux**, de côté ou comme une chenille.

EFFRAYANT OU INTÉRESSANT?

Pourquoi les serpents sont-ils aussi flexibles? Ils ont une longue colonne vertébrale et plusieurs centaines de côtes.

vipère du désert de Namibie

DES CROCHETS OU UNE PRESSION?

Tous les serpents sont **carnivores**. Ils peuvent manger des rongeurs, des grenouilles, des insectes, des oiseaux, des œufs ou d'autres reptiles.

Les serpents avalent leur proie entière.

Certains serpents tuent avec une morsure rapide contenant du **venin**.

La plupart des serpents sont inoffensifs pour les gens. Des antivenins soignent les morsures des serpents venimeux.

Les crochets injectent du venin.

Les **constricteurs** serrent si fort que la victime ne peut pas respirer et son cœur ne peut pas battre.

Les pythons s'enroulent autour de leur proie et la serrent pour la tuer.

LES SUPER SENS DES SERPENTS

Les serpents peuvent sentir et goûter l'air, et ainsi suivre la trace d'une proie avec leur langue. Leurs mâchoires peuvent sentir les vibrations de quelque chose qui marche près d'eux.

serpent ratier des mangroves

EFFRAYANT OU INTÉRESSANT?

Les crotalidés ont des organes spéciaux qui détectent la chaleur, ce qui leur permet de chasser dans le noir.

Les petits trous entre les yeux et la bouche des vipères détectent la chaleur.

LE CYCLE DE VIE DU SERPENT

La plupart des serpents pondent des œufs. Quand ils éclosent, les bébés serpents ressemblent à des serpents adultes miniatures.

Les thamnophis sont un type de serpents qui ne pondent pas d'œufs. Ils donnent naissance à des bébés vivants.

En grandissant, les serpents muent plusieurs fois. Ils retirent leur peau devenue trop petite, révélant une nouvelle peau plus grande.

Les adultes muent pour remplacer leur vieille peau usée

Les serpents peuvent vivre de dix à vingt ans. Ces **prédateurs** silencieux aident les gens en mangeant des insectes, des rats et des souris.

Le serpent ratier rouge aide à contrôler les rongeurs.

QUEL EST CE SERPENT?

Relie chaque nom de serpent à la bonne photo :

serpent ratier des mangroves

serpent corail

thamnophis

anaconda vert

crotale du Pacifique Sud

Réponses : **a.** anaconda vert **b.** serpent ratier des mangroves **c.** thamnophis **d.** serpent corail **e.** crotale du Pacifique Sud

Glossaire

camouflage (ka-mou-flaj) : Des couleurs ou une forme qui permettent aux animaux de se fondre à leur environnement

carnivores (kar-ni-vor) : Des animaux qui mangent d'autres animaux

constricteurs (conss-trik-teur) : Des serpents qui tuent en s'enroulant autour de leur proie et les serrent jusqu'à ce qu'elle meure

prédateurs (pré-da-teur) : Des animaux qui chassent d'autres animaux

réticulé (ré-ti-cu-lé) : Avoir des motifs qui ressemblent à un filet

sinueux (ssi-nu-eu) : Courbé en forme de « s » ou avoir des motifs en forme de « s »

venin (ve-nin) : Poison utilisé pour assommer ou tuer des proies, injecté par une morsure

Index

Soutien de l’école à la maison pour les parents, les gardiens et les enseignants

Ce livre aide les enfants à se développer grâce à la pratique de la lecture. Voici quelques exemples de questions pour aider le lecteur ou la lectrice à développer ses capacités de compréhension. Les suggestions de réponses sont indiquées en rouge.

Avant la lecture

- **De quoi ce livre parle-t-il?** *Je pense que ce livre parle de serpents effrayants. Je pense que ce livre parle de différents types de serpents.*
- **Qu’est-ce que je veux apprendre sur ce sujet?** *Je veux apprendre comment éviter les serpents. Je veux apprendre comment identifier les serpents venimeux.*

Pendant la lecture

- **Je me demande pourquoi...** *Je me demande pourquoi il existe de si nombreux types de serpents sur la Terre. Je me demande pourquoi certains serpents peuvent nager.*
- **Qu’est-ce que j’ai appris jusqu’à présent?** *J’ai appris que la peau de serpent est sèche et écailleuse, et non visqueuse. J’ai appris que les serpents peuvent sentir et goûter l’air, et ainsi suivre la trace de leurs proies avec leur langue.*

Après la lecture

- **Nomme quelques détails que tu as retenus.** *J’ai appris qu’il existe plus de 2,600 types de serpents sur la Terre. J’ai appris que tous les serpents sont carnivores; ils chassent et mangent d’autres animaux.*
- **Lis le livre à nouveau et cherche les mots du glossaire.** *Je vois le mot **camouflage** à la page 8 et le mot **venin** à la page 14. Les autres mots du glossaire se trouvent à la page 23.*

Crabtree Publishing

crabtreebooks.com 800-387-7650

Version imprimée du livre produite conjointement avec Blue Door Education en 2021.

Auteur : Julie K. Lundgren
Traduction : Annie Evearts

Paperback 978-1-0396-0841-2
Ebook (pdf) 978-1-0396-0853-5
Epub 978-1-0396-0865-8
Read-along 978-1-0398-0343-5
Audio book 978-1-0396-6674-0

Printed in the U.S.A./062025/CP20250603

Publié au Canada par Crabtree Publishing
616 Welland Avenue
St. Catharines, Ontario
L2M 5V6

Publié aux États-Unis par Crabtree Publishing
347 Fifth Avenue
Suite 1402-145
New York, NY 10016

Références photographiques : www.shutterstock.com - www.istock.com. Couverture © Audrey Snider-Bell. p. 2-3: istock.com/Aulia Maghfiroh. p. 4-5 (anaconda) © Patrick K. Campbell. p. 6-7 © Rusty Dodson (gros plan sur la peau de serpent) © Audrey Snider-Bell. p. 8-9 (serpent corail) © Patrick K. Campbell, (python arboricole) © Zdenek Rosenthaler. p. 10-11 © Arno Dietz. p. 11 (médaillon) © srdjan draskovic,. p. 12-13 © Trahcus. p. 18 © Maria Dryfhout. p. 15 © Andrew Burgess. p. 16-17 © reptiles4all . p. 17 (médaillon) © H. Krisp wikimedia commons. p. 18-19 © Heiko Kiera, p. 20 (thamnophis) © Matt Jeppson p. 20 © manit321. p. 21 © Patrick K. Campbell. www.dreamstime.com

Catalogage avant publication de Bibliothèque et Archives Canada
Titre: Des serpents / Julie K. Lundgren ; texte français d’Annie Evearts.
Autres titres: Snakes. Français.
Noms: Lundgren, Julie K., auteur.
Description: Mention de collection: Effrayants mais intéressants | Les jeunes plantes de Crabtree | Traduction de : Snakes. | Comprend un index.
Identifiants: Canadiana (livre imprimé) 20210286725 | Canadiana (livre numérique) 2021028675X | ISBN 9781039608412 (couverture souple) | ISBN 9781039608535 (HTML) | ISBN 9781039608658 (EPUB)
Vedettes-matière: RVM: Serpents—Ouvrages pour la jeunesse. | RVMGF: Documents pour la jeunesse.
Classification: LCC QL666.O6 L8614 2022 | CDD j597.96—dc23